AF448234

This book belong to :

____

____

Merry Xmas

Mandalas

1:

2:

3:

4:

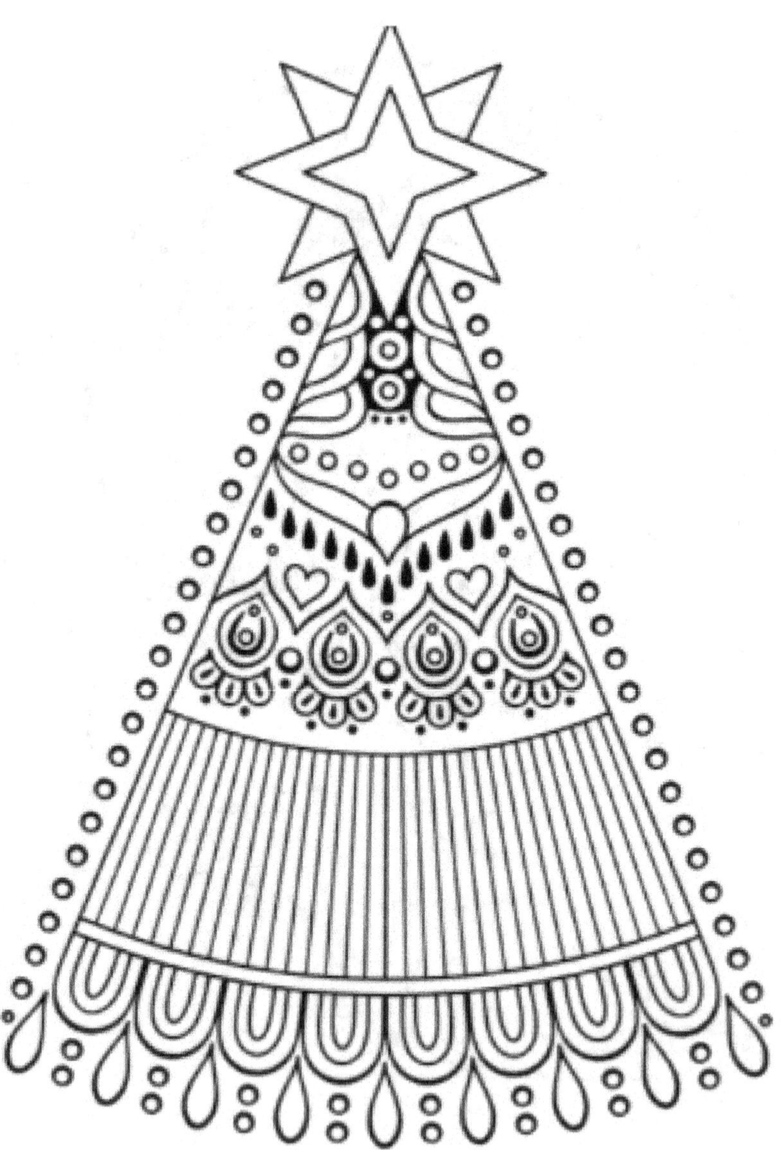

5:

6:

7:

8:

9:

10:

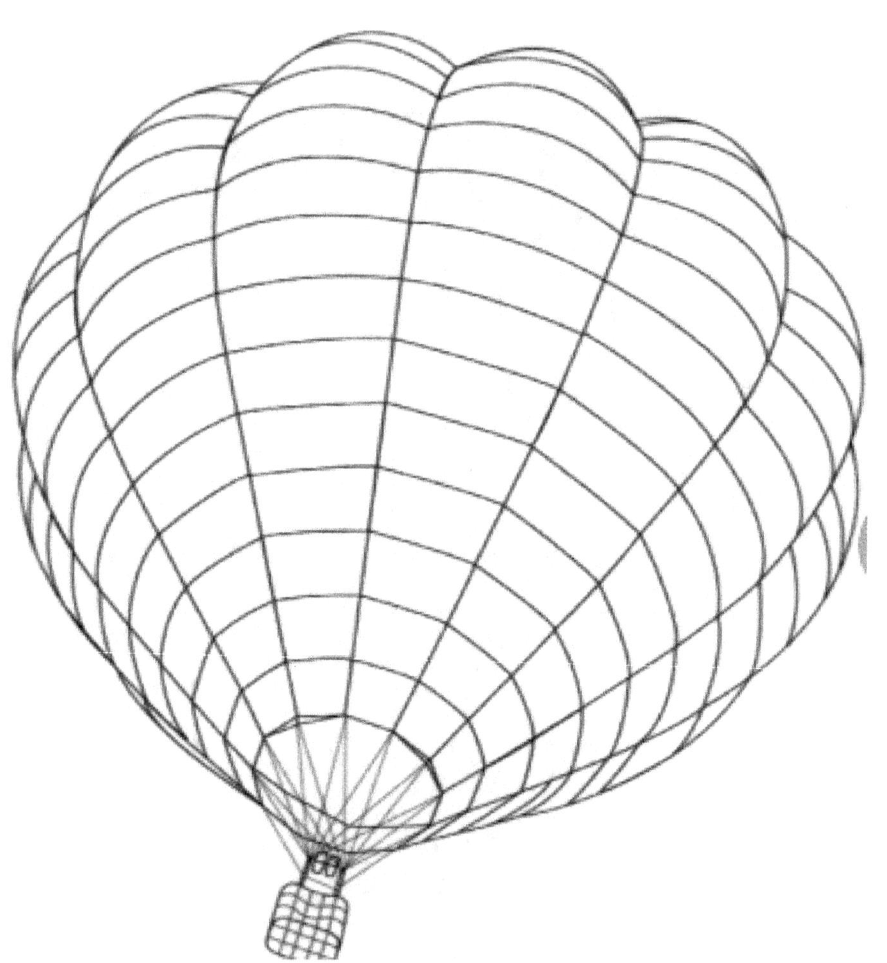

11:

12:

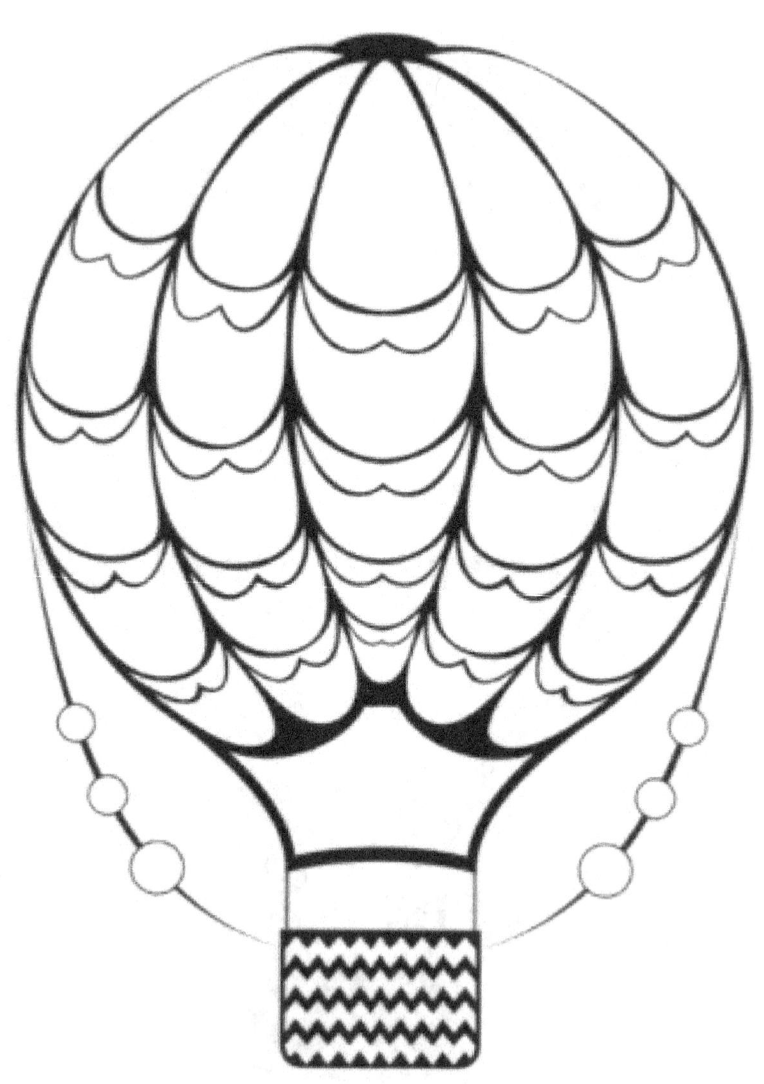

13:

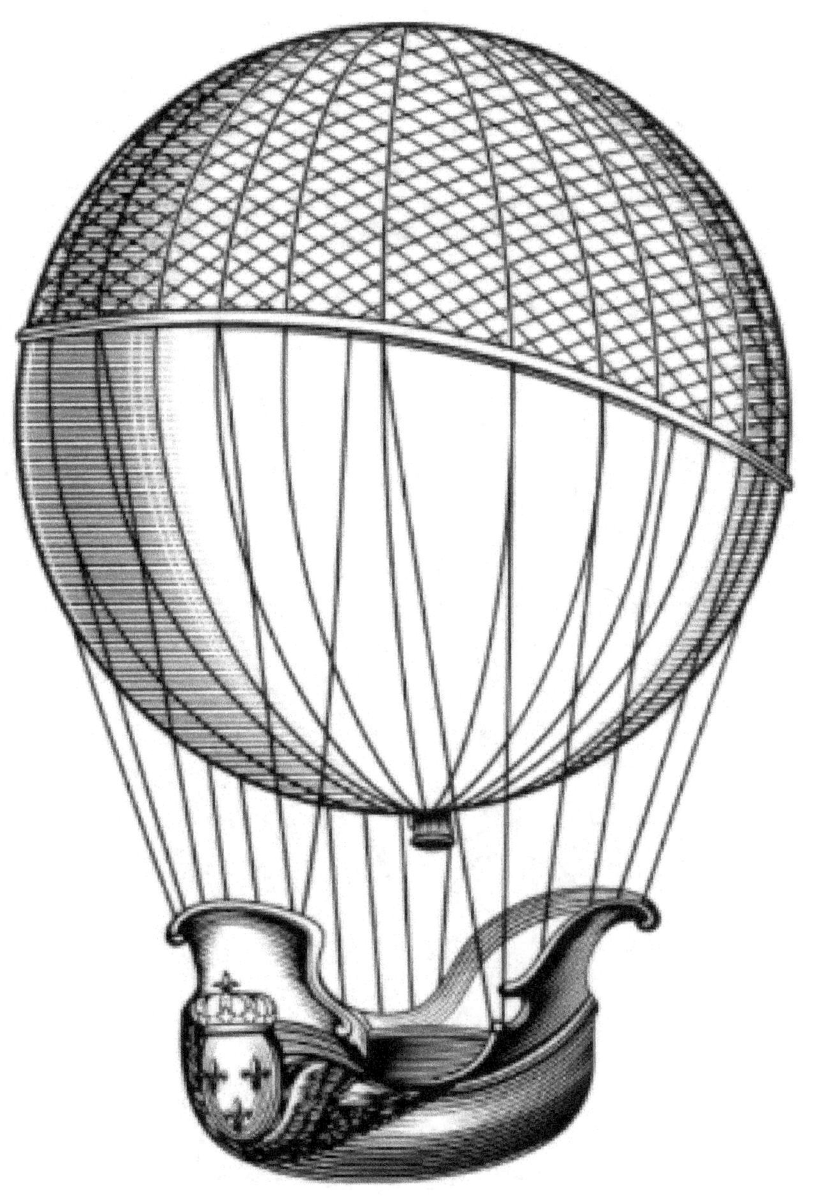

14:

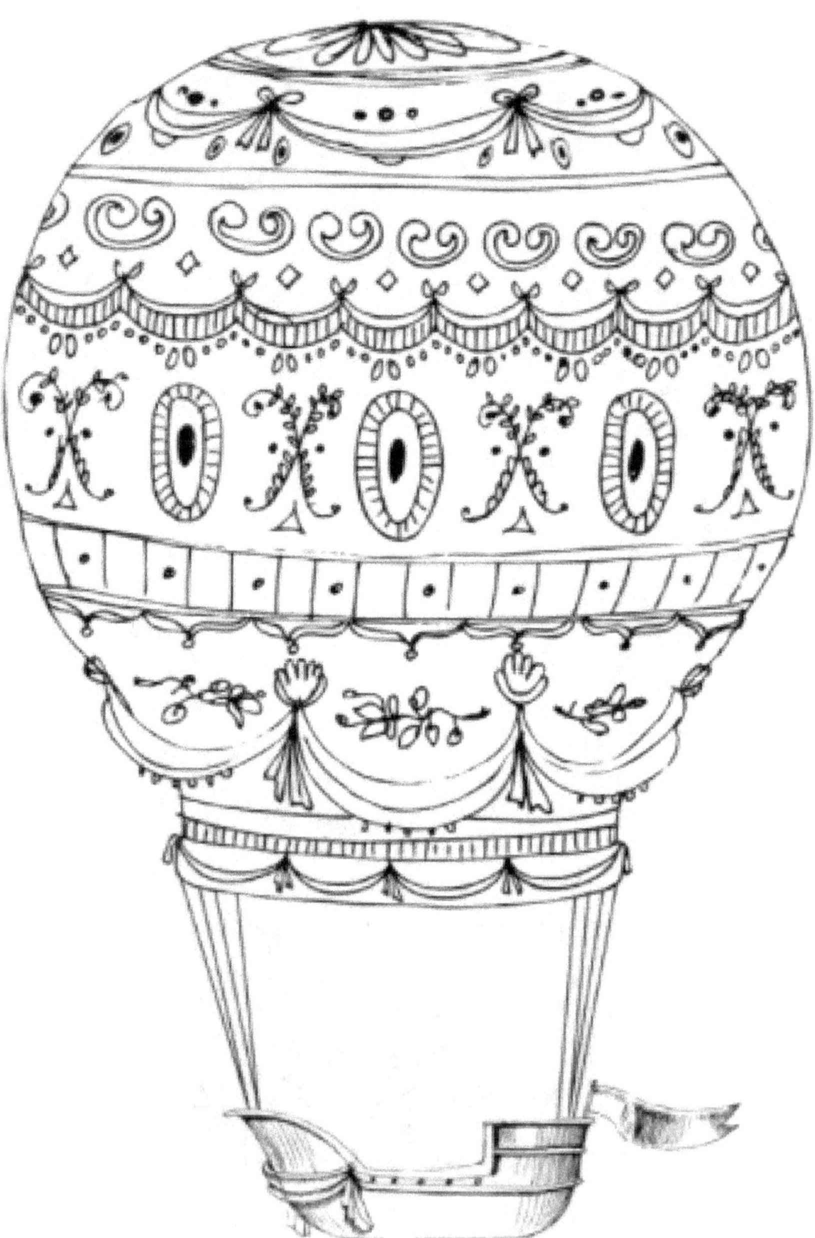

15:

16 :

17:

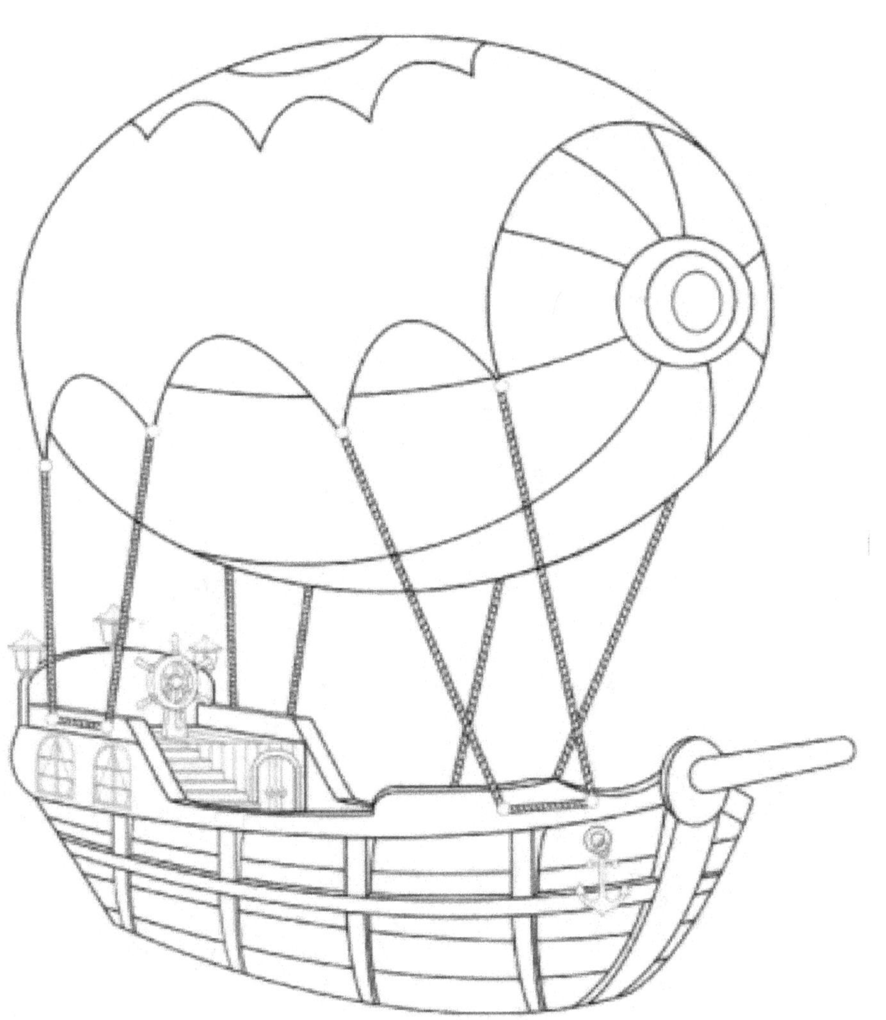

18:

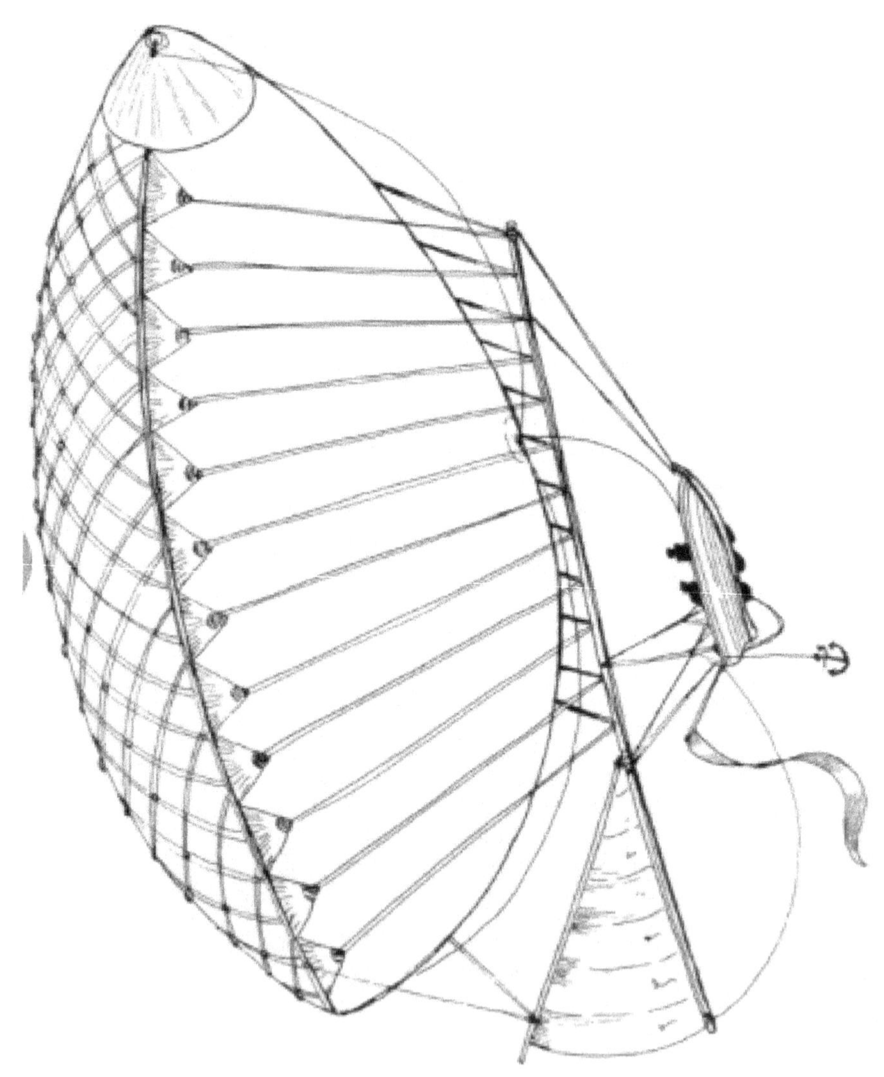

19:

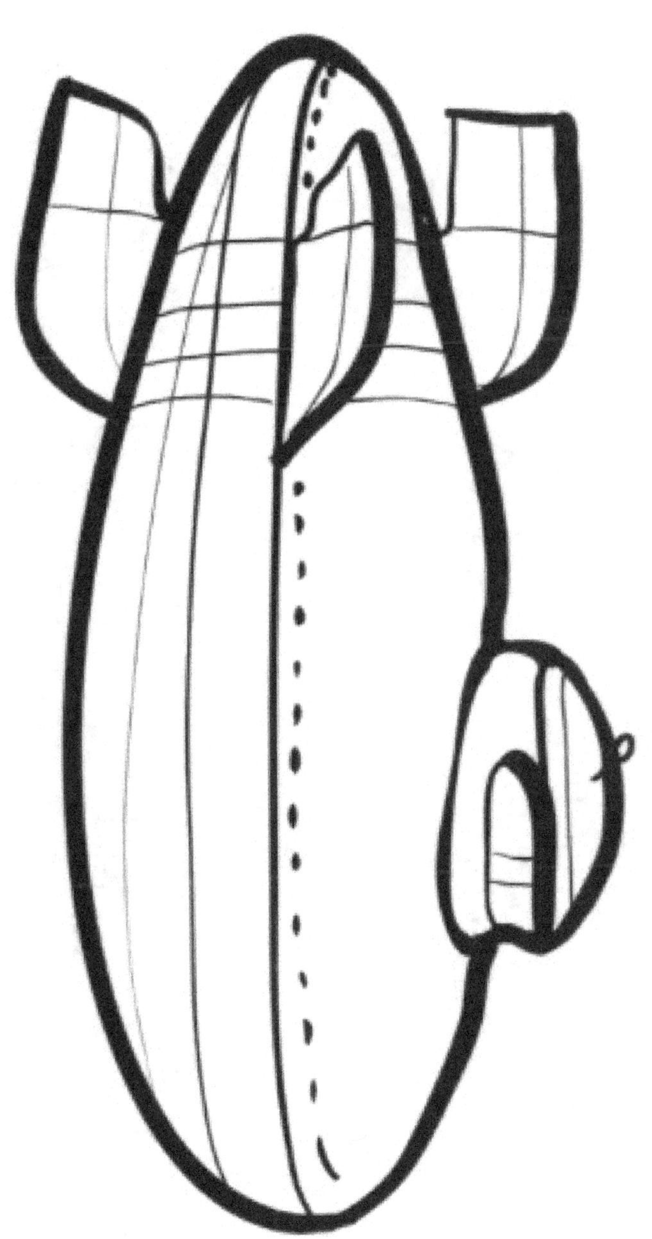

20:

21:

22:

23:

24:

25:

27:

28:

30:

31:

32:

____

34:

35:

36:

38:

39:

40:

Happy new year

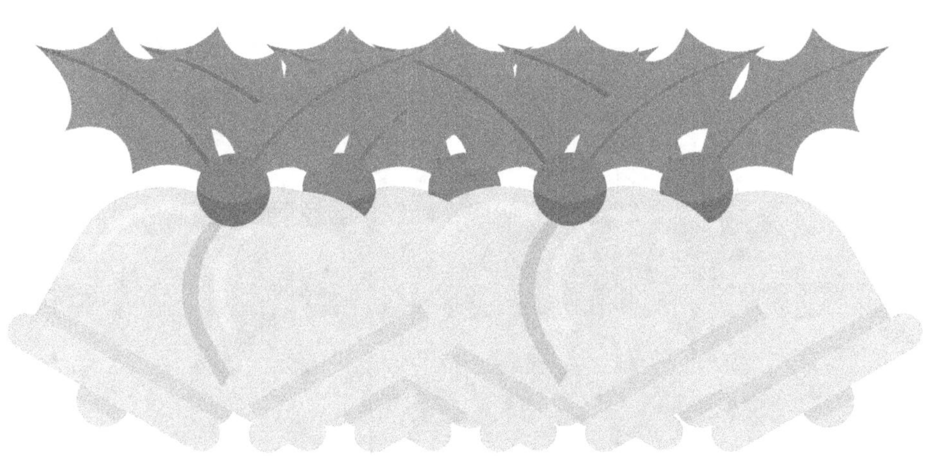

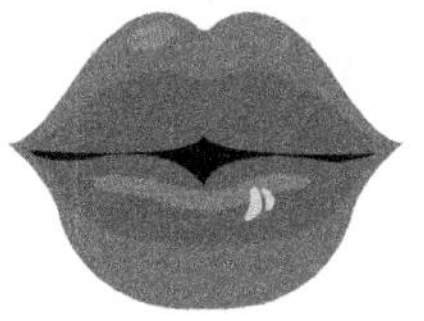